斎藤一人「愛」のセラピー

ロングセラー新装版

ロング新書

斎藤一人

ひとり

はじめに

人は幸せになるために生まれてきました。

しかし、幸せになる方法がわからなくて、今も、苦しんでいる人がたくさんいると思います。

私なりに、こういう時にはこういうふうに考えた方が幸せになれるという方法を、いくつか実践しながら生きてきました。

そして、そのことを人に教え、喜ばれてもきました。

人は、人に喜ばれる存在になることが一番幸せな生き方のようです。

この本の中には、神さまという言葉がたくさんでてきますが、私はとくにどこの宗教にも属しておりません。

しかし、神さまは、存在すると信じている人間です。

この本が、あなたの幸せに役立ち、あなたから愛の光があふれでることのお役に立てれば、このうえなく幸いです。

斎藤一人

無限という大きさを
知っていますか無限
という時の流れを知

っていますか無限
という魂を知って
いますか

さいとうひとり
ひ

CONTENTS

●本文イラスト／中村みつえ

愛を出す人になるのは簡単

「今の自分は最高だ！」
と、いってみてください。
感謝の心と愛に
気づきます

「今の自分は最高だ！」
と、いってみてください。
感謝の心と愛に気づきます。
いろいろな幸せを自分で探していくと、
毎日ご飯が食べられること、
愛する仲間がいること、
命を与えてもらったことに気づきます。
その気づきが、やがて感謝に変わり、
愛になるのです。

自分よりも不器用な人に「もっと幸せになる生き方があるんだよ」と手を差し伸べてあげる。それが愛を出すことです

愛を出していくんです。

もし、自分の仲間が困っていたら、助けたいと思うはずでしょ。自分よりも不器用に生きている人に、

「もっと幸せになる生き方があるんだよ」

と手を差し伸べてあげる。

それが愛を出すことです。

それをつづけていけば、魅力的な人になれる。

だから、人は、いくらでも魅力的になれるんですよ。

たとえば、学歴をひけらかすわけでもなく、
威張るわけでもなく、

「私にできることがあるなら、何でもやるよ」

と、サラサラいろんなことを人のために
やってあげられる人が、愛を出す人。

人さまが、「これあげるよ」といったら、「ありがとう」なんです

絶対いらないものであっても、「ありがとう」というのが修行です。

以前、すごいものをもらいました。

私のお弟子さんが北海道の帯広に観音さまを建てて、「ひとりさん観音」という名前をつけてくれたんです。

光栄なことなので私は一応、「ありがとう」といったんですけど。

でも、ちょっとテレますよね。

私は、生きているんですよ。生きているうちから拝まれたら……。「そんなのあり?」と思いますよね。すごくテレます。

でも、本当に素晴らしい観音様で、ありがたいことです。

たいがいのことは、
ジョークにしてしまえば
いい。
そうすれば、
笑っちゃうんですよ

たいがいのことは、ジョークにしてしまえばいい。
そうすれば、笑っちゃうんですよ。
人間って、ジョークがわかるぐらいの人のほうがいいですね。
ジョークのわかる人は、心にゆとりがある人。
あんまり物ごとを真剣に考えすぎるとダメ。

笑顔でやったら、イヤな仕事もつらくなくなります

仕事がイヤでしようがない、という人がいますね。

その人は、一日八時間か九時間、イヤな思いをしているんですよ。

すると、仕事が終わってから飲みに行っても、ハッピーになれない。

だから、イヤな仕事であっても、どうしたら面白くやれるかと、私はいつも考えてやっているんです。

そのためには、愛のある顔をすればいい。

愛のある顔とは、笑顔がいっぱい。

笑顔でやったら、イヤな仕事もつらくなくなります。

神さまは映画監督みたいなもの

神さまは映画監督みたいなもの。
監督に、
「あなたは通行人をやりなさい」
といわれたら、つべこべいわずに、
役を与えられたことに感謝して、
最高の通行人になるのです。
すると、その姿は輝いて見える。
それが監督の目に止まるようになります。

空気を作ってもらって、
水を作ってもらって、
ご馳走を作ってもらって、
その上命までもらって、
これ以上、
神さまに何を望むの？

いつも、目の前にある現実に面と向かって、
まともなことをしていればいい。
私たちは神さまに感謝することはあっても、
望むことはなにもないのです。
空気を作ってもらって、
水を作ってもらって、
ご馳走を作ってもらって、
その上命までもらっているのだから、
これ以上、神さまに何を望むの？
あとは自分たちでやるしかない。

今の最高な自分に、
いいことを一つ、
また一つと
足していくだけ。
そうすればすべて
うまくいきます

生まれてきたらこっちのものだから、
自分がどうだ、他人がどうだ
というのはどうでもいい。
今の自分が最高だと思えるようになるために、
自分なりに納得するものを考える。
今の自分で勝負するんです。
今の最高な自分に、いいことを一つ、
また一つと足していくだけ。
そうすればすべてうまくいきます。

太陽のように
輝いて生きること
それは簡単。
笑顔を絶やさないだけ

太陽は、のべつまくなしに燃えていて地球を照らしています。

太陽があるから明るいんです。

太陽がなければ、世界はずっと暗いまま。

太陽は気分がいいときだけ燃えているのではないんです。ムラ気のある太陽なんて、太陽じゃない。

人間は、何も考えないでボ～ッとしていると、暗くなってしまう。

太陽がないのとおなじになってしまう。

どんな環境に置かれていようが、明るく考えるということをしなければ、人は明るくならない。

だから、太陽のように輝いて生きるんです。

それは簡単なこと。笑顔を絶やさないだけ。

自分を愛して　人も愛して

愛されたいのであれば、まずあなたが愛せばいいんです

人に愛されたり、好かれたいのであれば、
人を愛しなさい、好きになりなさい。
愛されたいのであれば、まずあなたが愛せば
いいんです。
大勢の人に好かれたいのなら、
大勢の人をまず好きにならなければいけない
ということです。

素直に本音をいおう

嫌われるのを怖がって、自分の気持ちを隠さないことですね。

素直にホンネをいってくれる人の方が案外好かれるものです。

もし、ホンネをいって人から嫌われるようなら、そろそろ自分を変える時かもしれませんね（笑）。

「自分を愛して、他人を愛します」毎日、それができるようにと誓っていれば、たとえ許せない人が眼前にでてきても対処できるようになります

「自分を愛して、他人を愛します」毎日、それができるようにと誓っていれば、たとえ許せない人が眼前にでてきても対処できるようになります。それができるようになったら、ちょっと愛が大きくなったと実感できる。

人間は際限のない創造物ですから、愛も際限なく大きく育っていく可能性があるんですね。

サルにだって愛があります。だけど、人間はサルのことも魚のことも考えています。自然保護とか、捕獲しすぎるといけないとか。

人間の魂がだんだん成長してきたから、愛も大きくなってきたのです。魂を成長させつづける限り、人間の愛はどんどん大きくなっていく。

愛はエゴに似ています。
愛は狭くなってくると
危険です。
でも人類愛まで広がって
いくと、愛は素晴らしい

魂を成長させる修行といっても、俗世間から離れて座禅を組んだり、滝に打たれることではなく、日常生活のなかでもできます。

自分が満たされないと、我がでてきてしまいます。

「自分が、自分が」という我がでてくるのは、愛が狭くなってしまっているから。

愛している人に捨てられると、ストーカーになる人などはそうですね。

愛はエゴに似ています。

愛は狭くなってくると危険です。

でも人類愛まで広がっていくと、愛は素晴らしい。

「あなた、笑顔がいいじゃない」
「ほら、その笑顔って最高！」
というと、その人は
生きていく勇気が
わいてきます

人それぞれの個性に、いいとか、悪いとかはありません。個性をいいほうに導いてあげるのが、愛です。

「あなた、明るい性格ですね」

といってあげるだけで、その人をそのまま認めてあげるだけで、愛を与えることができる。

そういったあとで、もうひとこと。

「あなた、笑顔がいいじゃない」

という。そういうと人は必ず笑う。

「ほら、その笑顔って最高！」

というと、その人は笑顔に自信を持って生きていける。

生きていく勇気がわいてきます。

目の前の人を、とにかく大事にして、喜ばれることをする。
幸せになる秘訣はこれしかありません。
このことは、これからの時代にこそ重要になります。

今、あなたがしゃべっている言葉は魅力的ですか？
今、あなたがとっている行動は魅力的ですか？

魅力的な発言をし、魅力的な行動をする人のところに、魅力的な人は寄ってきます。

今、あなたがしゃべっている言葉は魅力的ですか？

今、あなたがとっている行動は魅力的ですか？

魅力がないというのは、引力がないのとおなじです。

何をやるにも、引力がなければ、人は集まってきません。

引きつける何かがないと、人は集まりません。

人は何かに引きつけられて来るのだから、いろいろな意味で、自分は魅力的かどうかを考えて、いつも生きていくように心がけなければいけない。

「この本は一回読んだからいい」と利口ぶらないで、「私、もの覚えが悪いから、何度でも読みます」という

だれかが「この本、読んでごらん」といったら、「私、その本読みましたからいいです」と、人の親切を無にするようなことをしてはいけない。「この本は一回読んだからいい」と利口ぶらないで、「私、もの覚えが悪いから、何度でも読みます」という。

社会に出て出世したり、人に愛されるのは、このような人です。

「あれ読んだら、すごい勉強になりました。自分が知らないことを全部書いてありました」

といえる人が魅力的なんです。

こんな言葉が魅力的な発言です。

鈍感な人は頭が悪いのではなくて、性格が悪いだけ。人に対する心の配慮がないだけ

魅力とは愛です。思いやる気持ちです。

相手のことを思いやれば、たいがい魅力は出てきます。四六時中自分のことばかり考えている人は、人のことに考えが及ばない。

鈍感な人は頭が悪いのではなくて、性格が悪いだけ。人に対する心の配慮がないだけ。自分のことしか考えないから、相手のいうことがわからないだけ。

だから、人の話をよ〜く聞くことですね。

じっくり聞くことに徹する。

それからどうするかを考えるのです。

そのほうがハタから見たって、どこから見たって立派に見えます。

その豊かな心で、
だれかを幸せにすることができる

私たち人間をつくったのは神さまですから、絶対の存在である神さまには間違いなどできません

あなたは、そのままで完璧な人間です。

もし、あなたが「自分は不完璧だ」と思っていたら、そのような考えは今すぐ捨てるのです。

私たち人間をつくったのは神さまですから、絶対の存在である神さまには間違いなどできません。

その神さまが人間をつくったのですから、欠陥人間などいるはずがないのです。

あなたは、今のあなたのままで完璧です。

未熟だといわれている人も、魂の成長過程にあるというだけの話です。

赤いメガネで世界を見れば、世間はすべて赤い色。黄色いメガネで見れば、すべてが黄色です

魅力というものには、絶対はありません。

高学歴、高収入、英語堪能という要素だけを絶対的な魅力だと思ってしまい、その他の魅力に目を向けることをしない人がいます。

このような人は、人の魅力というものの真実がわかっていないのです。

赤いメガネで世界を見れば、世間はすべて赤い色。黄色いメガネで見れば、すべてが黄色です。

でも、世間はもっと、もっと豊かな色に彩られているのです。

まちがった色メガネで世間を見ていると、その鮮やかな世界は見えません。

それがあなたの魅力を失わせているのかもしれません。

イヤなことに焦点を当てるのでなく、楽しいことに焦点を当てるのです。

きれいな公園にだって、ゴミ箱はあります。
でも、きれいな公園に行ったら、その美しさだけを見ればいい。
ゴミ箱を見る必要はありません。
イヤなことに焦点を当てるのでなく、楽しいことに焦点を当てるのです。
そうすれば、人生が楽しくなる。心が豊かになる。
その豊かな心で、だれかを幸せにすることもできる。
人間は、人に愛を与えるために生きているんです。

本当はもらえるはずだった財産が、別の人にいってしまったのは、あなたがもらう必要がなかったから

本当はもらえるはずだった財産が、別の人にいってしまったのは、あなたがもらう必要がなかったから。

不公平のない神さまは、「この人には財産がなくても大丈夫」と見込んでくれたからこそ、その財産を別の人に与えたのです。

その神のご意志がわかれば一生懸命に働いて、将来、もらった人よりお金を多く持つことができるでしょう。

「豊かさを持っている人間にはさらに与えられ、豊かさのない人間には、たった一つしかないものまでも奪われる」

キリストの言葉にあります。

「持てる者にはさらに与えられる。ない者からはさらに奪われる」と。

この言葉を簡単にすれば、

「豊かさを持っている人間にはさらに与えられ、豊かさのない人間には、たった一つしかないものまでも奪われる」

ということです。

豊かさのない人は、どんなに才能があっても、生きているうちに決して認められることはありません。

豊かさとは、財政的な意味合いだけでなく、心の豊かさをも意味します。

幸せっていうのは、測れない。
基準もない。
その人の心のなかにあるものだからね。
だから、一人、一人、違うんだ。
結論が幸せならば、それが勝ち。

心が豊かになると、人相も変わってくるんです。そうすると、起きる現象が変わります

人の幸せを願うようになると、心が豊かになる。
心が豊かになると、人相も変わってくるんです。
そうすると、起きる現象が変わります。
自分の心が貧しいのに、豊かになりたいといってもできないんです。
人にいいことがあったときに、心から、
「よかったね」
といえる訓練が要るんです。

お金持ちにならなきゃ、幸せになれない、社長にならなきゃ、幸せになれないというのは、ウソですよ

徳を積んでくると、地位とか、身分とかに関係なく、幸せになれるんです。
会社の一番下で働いている人でも、社長より幸せな人はいっぱいいる。
お金持ちにならなきゃ、幸せになれない、社長にならなきゃ幸せになれない
というのは、ウソですよ。
別にそんなもん、関係ないですよ。
だって私、社長になる前から幸せでしたから。

人間が生きる目的は、人に愛を与えるため。与えることをせず、奪ってばかりいるのは、マナー違反

人間は何度も生まれ変わります。
それは魂のステージを向上させるためです。
そして、人間が生きる目的は、人に愛を与えるため。
その愛の形は、その人の立ち場によって異なります。
人に与えることをせず、奪ってばかりいるのは、マナー違反です。
人間は人に何かを与えることを義務づけられているのですから。

みんなのために与えていると、
その与えたものが自分に返ってきます。
みんなのためにやっているけど、
実は自分のためでもあるんです。

人生は面白くて、
楽しくなくてはいけない

私の楽しいことは、モノでもテクニックでもありません。考え方が楽しいんです

私の楽しいことは、モノでもテクニックでもありません。
考え方が楽しいんです。
考え方が楽しいから、何をやっても、どこに行っても楽しい。
面白いか、面白くないか、楽しいか、楽しくないかは、個人の問題、
考え方一つです。
よく世間では、仕事はつまらなくて、遊びは面白いというけど、
私はそうじゃありません。
面白くない考えを持っているから、仕事が面白くなくなる。
そういう人の頭の中が面白くないんです。

その場、その場に合わせられる自分であることは、幸せですよね

料亭にいくと、料亭でのマナーがあります。

フレンチのお店には、そこにふさわしいマナーがある。それを外すと、お店の人がせっかく作っている雰囲気を台なしにしてしまいます。

そこに居合わせたお客さんにも迷惑がかからないように、いつも気をつけなければね。

定食屋で定食を食べるなら、お店の人やお客さんに邪魔にならないように定食を味わい、食べ終わったらさっさと席を立つ。

居酒屋で宴会するときは、だれかにお酌させたりしないで、みんなでワイワイやる。

カラオケに行ったら、楽しくマイク争奪戦をする。

その場、その場に合わせられる自分であることは、幸せですよね。

楽しいことばかり考えていると、どんなものにも魅力を感じるし、仕事も楽しくなる

楽しいってどこにでもあるんですよ。

たとえば、田舎の、田んぼの道端で、農家のおばちゃんが自家製の梅干やお団子を売っていますよね。そんなのを買って食べてわいわい騒ぐのって楽しいですよ。

もともとが楽しい人間でないとダメですけどね。

考え方が楽しくないとダメ。

楽しいことばかり考えていると、どんなものにも魅力を感じるし、仕事も楽しくなる。

私は、「人生は、遊行だ」と思っています。この世に遊びに来ているんだと

私は、「人生は、遊行だ」と思っています。
この世に遊びに来ているんだと。
だから、仕事も遊びです。
仕事は一生けん命やればやるほど、人に喜ばれる楽しい楽しい遊びです。
人生すべてが遊びなんです。
遊びなんだから、面白くて、楽しくなくてはいけないと、いつも考えているんです。
この遊行とは人生最大の修行かもしれません（笑）。

楽しい仲間といると、人生が楽しくなりますよね。
旅はどこに行くかで楽しくなるんじゃないんです。
だれと行くかで決まるんです！

厄年だろうが、八方ふさがりだろうが、目の前の現実を何とかしようとしている人がごまんといる

世の中、大変なことがたくさんあるなかで、幸せを見つけようとしている人がたくさんいます。

財界にもいるし、政界にもいます。

学校の先生にも、町工場で働いている人にも、近所のおじさん、おばさんのなかにもいます。

厄年だろうが、八方ふさがりだろうが、

「そんなこと困ったことじゃありませんよ」

って、目の前の現実を何とかしようとしている人がごまんといる。

私は、そういう人たちを見ると、

「この人たち、かっこいいな。みんなが参っているなかで、ひとり勝ちしているな。
自分はまだ青いな」と思う。
その人たちに負けちゃいられないって。

心のひとり勝ちしている人とは、どんな状況に見舞われても、「自分は幸せだ」と思える人です

心のひとり勝ちしている人とは、どんな状況に見舞われても、「自分は幸せだ」と思える人です。

そう考えられる人こそ勝っているのであって、それ以上のものはありません。

私がそう考えているのであって、賛成してくれなくてもいいんですよ。

何を思うかは、その人の自由なのですから。

アジの開きを食べながら、「自分は今、すごい料理を食べているんだ。おいしいな。幸せだな」と思う感性を持てる人には愛がある

アジの開きを食べながら、
「自分は今、すごい料理を食べているんだ。おいしいな。しあわせだな」
と思う感性を持てる人には愛がある。
世の中には、簡単なものはないんです。
夜明け前に漁師さんが沖に出て、アジを捕って、それを干して、市場に出して、
魚屋さんがそれを買って店に出して、家の人がそれを買って、焼いて……
そうやってアジの開きは食卓に上る。
決して、簡単なものを食べているんじゃないの。

この事実を事実として受け取れるかどうかです。

「うん、これすごい！」

と思って食べたとき、心がすごく豊かになる。

それにしても、アジの開きは本当にウマイ。

人のことを「よかった」と思えるのは、
心が豊かだから

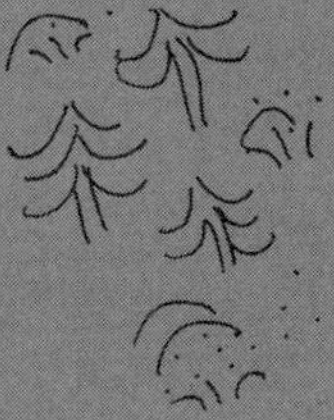

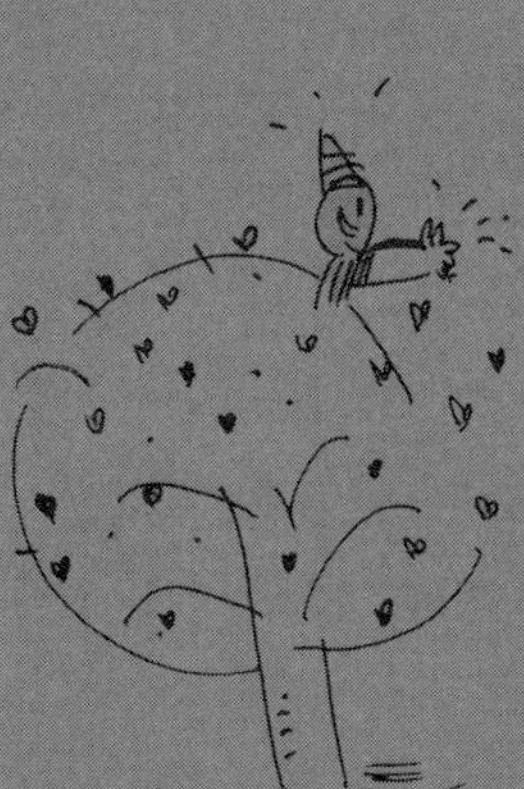

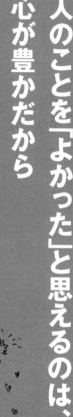

卑屈になっては
いけません。
威張るのもいけません

素直でさえあれば、ほかの人からよいことを
聞くたび、全部自分の実力になっていきます。
でも、卑屈になってはいけません。
威張るのもいけません。
そうすれば、きっと伸びますよ。

だれかに教えるときは、褒めることを基本にする。愛情が根っ子にあるんです

私がだれかに教えるときは、昔から人を育てるコツだといわれていることを実践しています。

「やってみせ、いって聞かせて、させてみて、褒めてやらねば人は動かじ」

つまり、褒めることを基本にすることです。

これは教わる人に対する愛情が根っ子にあるんです。

ほかの人のことを、一緒になって「よかった」と思えるのは、心が豊かだから

ほかの人によいことがあったら、
心から「おめでとう」という。
それがいえないような貧しい心は、
貧しいことしか呼ばないよ。
ほかの人のよかったことを、一緒になって
「よかった」と思えるのは、心が豊かだから。
みんな豊かな心になったら、みんながハッピー。

その人の意見に賛成でなくても「あなたのいいたいことを理解しました」といおう

その人の意見に賛成でなくても
「あなたのいいたいことを理解しました」という。
そうすれば、人を頭ごなしに否定しないですみます。
相手にも話を聞いてもらえるようになり、
気持ちが通じ合えます。
職場に限らず、人間関係で一番大切なのは、
このように愛を持って人に接すること。

ほかの人の心は変えることができません。変えることができるのは、自分の心だけ

人間関係のトラブルが解決しない原因はね。
みんな、自分は変えたくないから。
自分は変わらずに、周りが変わればいいと思っているから。
ほかの人の心は変えることができません。
変えることができるのは、自分の心だけ。
それなのに、自分の心を変えようとしないで、
ほかの人に変わってほしいと思っても解決しない。
だから、自分がどう変われば解決するか考える。
自分の心を変えるだけ。

自分を変えて、その人を受け入れられるようになれば、
そのぶんだけ自分の器を大きくすることができます。
いろんな角度から自分のことを
見つめなおせるようになります。

みんなちゃんと見抜いています

みんなちゃんと見抜いています。
人は感情で動く動物ですから、
人を傷つけていいことなんか一つもない。
敵をつくっちゃいけないんだ。
これが基本理念です。
たとえ、自分の意見に自信があっても、必ず、
「私の意見は変わっているんだけれども」
と、一言つけてから意見をいい始める。
これが生きていくのに大切なこと。

私はこの仕事をやるために
命をもらっているんだ

その人それぞれのみんな必要な修行。必要のないことは、起きないようになっている

人それぞれ個性が違うように、その人に課せられた修行も違います。

私は私のやり方で修行するようになっているし、それが必要なんです。

その人それぞれの修行があって、みんな必要なもの。必要のないことは、起きないようになっているから。

また、人それぞれの才能があるから、それぞれ働く場所、人さまのお役にたてる場所があります。

天職に出会うと、「私は、この仕事をやるためにに命をもらっているんだ」と感じるようになります

お勤めであっても、何かを目指しているのでもおなじですが、本気でやっていると、「これはムリだな」とか、「これこそ自分のやりたいこと」というのが、わかってきます。

つまり、その仕事に命をかけたとき、それが自分にとって天職かどうかがわかります。

天職に出会うと、その仕事をつづけていくうちに、使命感が見えてきます。

「私は、この仕事をやるために命をもらっているんだ」と感じるようになります。

そして、自分の力量はどれくらいなのかも、自然にわかってきます。

それが天から授かった仕事、天命なんです。

自分の仕事に関係のあることを、勉強するのです。きっと、これからの時代にも生き残れるようになりますよ

出世する人間は、自分に必要なことに興味を持ちます。逆に、出世しない人間は、自分に関係ないことに興味があります。

必要なことに興味を持って勉強すればいいけれど、必要のないことに興味を持ってしまうから、なかなか出世できない。

自分の仕事に関係のあること、自分に必要なことに興味を持って勉強するのです。きっと、これからの時代にも生き残れるようになりますよ。

自分の本業の勉強をしている人は、周りの人を喜ばせるために自分の時間を使います。

これが愛情のある人ですよね。

愛があればあるほど、楽しく、しあわせに生きられます。実力って、愛のことなんです。

やりたいこと、簡単そうなことから始めると、どんどん片づいてしまうから、仕事に勢いが出るんです

朝起きたら、一日やることを書いて、そのリストを見ながら順番を決めていけばいい。

でも、やらなきゃいけないことを優先して順番を決めたらダメ。

自分のやりたいこと、簡単にできそうなことから先にやるんです。

やらなきゃいけないを優先すると、気持ちが重くなってしまい、一日の最初からつまずいてしまう。

やりたいこと、簡単そうなことから始めると、どんどん片づいてしまうから、仕事に勢いが出るんです。

その勢いがついたところで、難しいことをやれば、「意外と簡単だったね」になります。

真似ることは楽しいことですよ。そうやっていると、自分がやりたいことが、出てくるようになってくるから

いいことはどんどん真似る。
真似をしたからといって、自分の個性がなくなるわけではないよ。
だれにだって個性があるから、どんなに真似てもおなじにはならない。
真似たって手本にした人より自分が劣るということもないし、
もっと素晴らしいあなたができあがる。
だから、いいことはどんどん真似ればいい。

ふだん笑顔の少ない人は、自然に笑えない。だから、笑う練習は必要です

笑顔の練習をすることって大事ですね。

ふだん笑顔の少ない人は、笑顔をつくる筋肉が落ちていますから、自然に笑えない。

だから、笑う練習は必要です。

笑顔が美しければ美しいほど、感じのいい人になれます。

あなたが笑顔で挨拶すれば、相手の人は「この人はいい人ね」と思うでしょう。

笑顔があれば、人と気持ちよくつき合えます。

相手によって接し方を変えたりせずに、だれに対しても、どんなときもいつもおなじ笑顔。

それが人間関係をよくする一番のコツ。

一生懸命にプロとして仕事をしていれば、
仕事の指導霊が現れて、あなたのむいているところに、
必ず連れていってくれますよ。

大丈夫、大丈夫

イヤなことがあっても、肯定的な言葉をクセになるまで、いいつづけること

だれかが新しいことに挑戦しようとすると、

「どうせ、そんなのはダメに決まっている」とか、

「前にもやった人がいたけど、結局失敗だった」

などという人がいます。

こんなときには、

「ついてる」とか、

「いいことが山ほど起きる」とか、

「大丈夫、大丈夫」

とか肯定的な言葉を、何度も繰り返しましょう。

すると、自分の気持ちをもう一度盛り上げることができます。
口癖にしちゃえばいいのです。
舌打ちやため息は、気分を落ち込ませるだけ。
イヤなことがあっても、肯定的な言葉「ついてる」「いいことが山ほど起きる」
「大丈夫、大丈夫、大丈夫」をクセになるまで、いいつづけること。

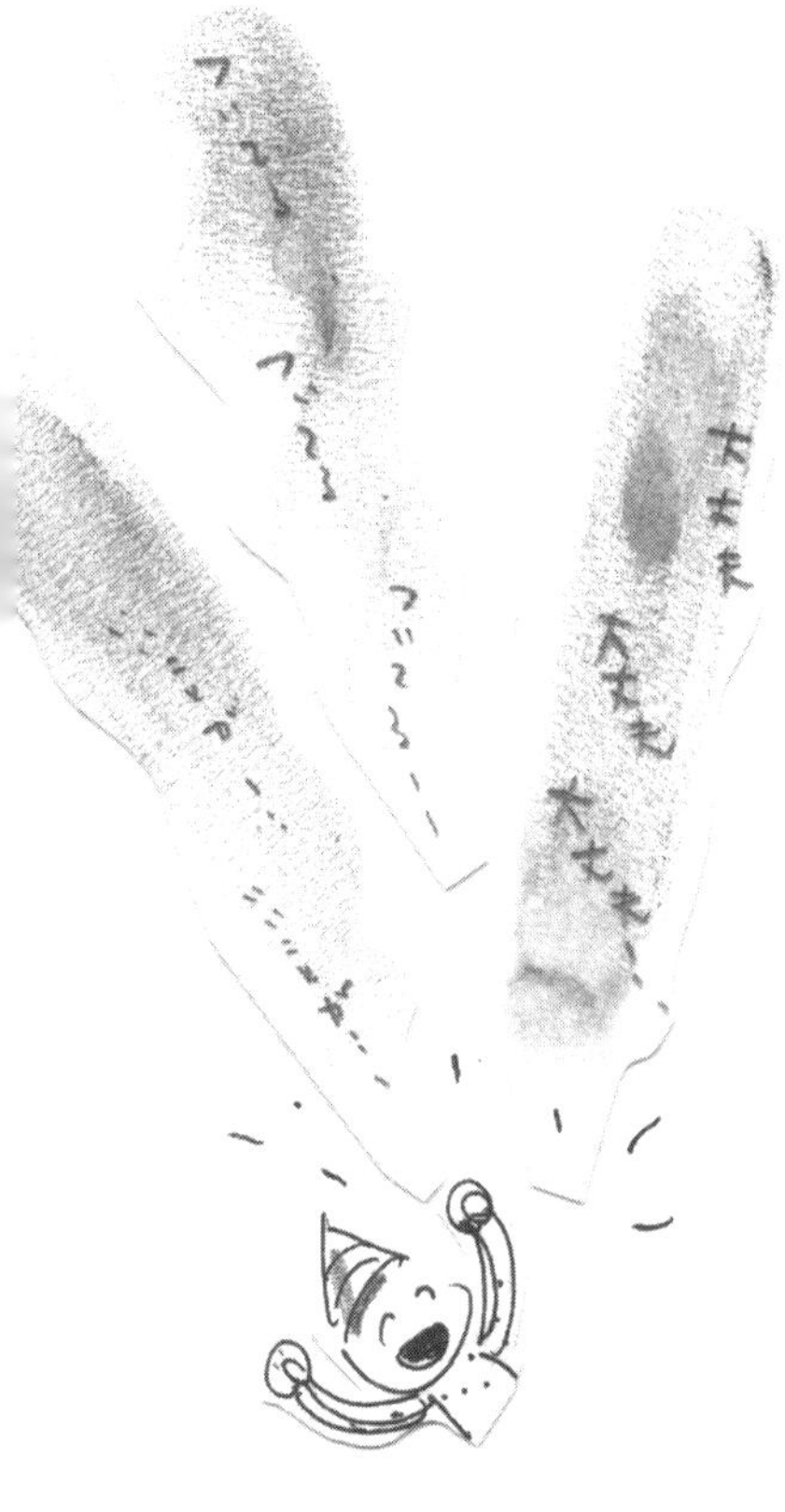

ついてる！
いいことが山ほど起きる！
大丈夫、大丈夫！

「私は幸せだ。人を愛そう」と口に出して訓練していると、そういうクセになってしまうから不思議

何でもかんでも、

「私は不幸だ」

という人もいるけど、それはただのクセ。不幸グセというクセなんです。

人間っていろいろなクセがあるけど、クセはちょっとだけ訓練すれば直ります。

「私は幸せだ。人を愛そう」

と口に出して訓練していると、そういうクセになってしまうから不思議。

こうやって、自分なりにやっていくと、目の前の壁を乗り越える知恵がどんどん出てきます。

人生の景色は、考え方一つで変わるもの。

あれこれ悩んでみても、過ぎた時間は戻ってきません。だから、思い切って無から始めてみる

長い人生のなかには、「無」から始めたほうがいい場合が何度かあります。

たとえば、サラリーマンならば、左遷されることもあるでしょう。思い悩むのが普通です。そんなときは、無から始めて、「今日、この会社に入ったんだ」と思えばいい。

それまでの知識と経験を活用すれば、何とか乗り越えていけるものです。

あれこれ悩んでみても、過ぎた時間は戻ってきません。

だから、思い切って無から始めてみる。

これはただの気安めかもしれません。でも、気持ちを安らかにさせてあげるのです。

人間には、気安めも必要なときがあるのです。

そのことから、案外、道は開けてくるものです。

一度上に上がって加速した魂は、そこから落ちないのです。神さまは、あなたがなした行動に対して、ご褒美として上げてくれたのですから

この宇宙には際限がありません。

落ちる人はどこまでも落ちるし、上に行く人はどこまでも、上に上にと昇っていきます。

その人のレベルに応じた修行を済ませた魂は、おなじ修行を二度もしないのです。

一度上に上がって加速した魂は、そこから落ちないのです。

なぜなら、神さまは、あなたがなした行動に対して、ご褒美として上げてくれたのですから。

人間が作ったものは落ちることがありますが、神さまが上げたものは落ちないのです。

苦労はやめにしようよ

苦労はやめにしましょう。
苦労をやめたら、しあわせになれます。
そのためには、考え方を変えることです

世の中には、避けられない苦労があります。
子どものときの苦労は、避けられない。
でも、大人になったら、苦労はやめることができますよ。苦労はやめにしましょう。
苦労の先には苦労しかないから。苦労をやめたら、幸せになれます。
そのためには、考え方を変えることです。
世間でいわれている常識と、少しぐらい違っていいじゃないの。変わりましょう。
常識とか、みんながいうからとかは、関係ない。
それだけで、あなたはかなり変わります。

苦労して、しんどい思いをするというのは、「間違いですよ」という神さまの教えです

大抵の日本人は苦労したらよくなると思っているけど、苦労や我慢からは、恨みしか生まれません。

苦労して、しんどい思いをするというのは、「間違いですよ」という神さまの教えです。

うまくいかないのは、神さまが「早く、その考え方をやめなさい」といっているお知らせなんです。

このことに早く気づくことですね。

「きみは、すごいよ。大した人だよ」といってあげる。悩みも消えて、明るい笑顔になれば、みんな幸せ

悩んでいる人は、悩みから解放されたいけど、悩んでいる問題に触れてもらいたくないもの。それが人の心理というものです。

悩んでいることに触れないで、その悩んでいる人と何となく雑談するだけでいい。

すると何かの拍子に、かたくなだった心がフワァ〜ッと開いて、「不幸の壁」に小さな穴があく。

ただ、雑談しているだけでね。

悩んでいたものがほぐれてきて、その人に気づきが訪れたそのとき、

「きみは、すごいよ。大した人だよ」

といってあげる。悩みも消えて、明るい笑顔になれば、みんな幸せ。

愛の言葉、思いやりのある言葉。これは聞いている相手も気持ちいい。それをいっている人も気持ちいい

ジャンケンには勝ち負けがある。
ところで、人生はとなると、人生は両方が勝てる方法を考えればうまくいきます。
両方勝てる方法って、何ですかっていうと、まず、考えられるのは、愛の言葉、
思いやりのある言葉。
これは聞いている相手も気持ちいい。
それをいっている人も気持ちいい。

人間には等しく、持って生まれた無限の可能性があるのに、押さえつけて、ダメだと思い込んでいるだけ。

成功するかしないかは、先天的なものじゃないんです。後天的なものなんです。
人間には等しく、持って生まれた無限の可能性があるのに、押さえつけて、
ダメだと思い込んでいるだけ。
そのダメの壁に、一カ所、コンと穴を開ければいい。
どうやって開けるかというと、とりあえず大きな声を出せばいい。
赤ちゃんはみんな大きな声で泣いていますね。
その頃のことを思い出して、思いきり声を出す。
そうすれば、「赤心来福（せきしんらいふく）」。
赤ちゃんの心になったときに、福がやって来る。

明日になれば、また違った展開が出てくる。今、自分にできることを一生懸命するの

三年先のことは、三年先に考える。
シカがそこにいるのに、はるか先を撃ってみたって、シカには当たりません。
今いる場所の、今の獲物を捕らなくてはダメなんです。
また、すんでしまったことをいってもダメ。
昔はあそこにシカがいたといっても、今はいないんだからしょうがないでしょ。
今の一点に、どうやって集中するかに尽きます。
明日になれば、また違った展開が出てくる。
今、自分にできることを一生懸命するの。

過ぎてしまったことは、「いい経験したな」と思う。それしかないんです

よく、苦労話をいっぱいする人がいます。
こんな人は、苦労が足らないのです。
本当に苦労しちゃうと、口に出すのもイヤになる。
思い出すのもイヤなものです。
お酒を飲みながら、いつもいうのはたいした苦労じゃない。
思い出したくないのが苦労ですから。
で、本当に苦労がイヤになったとき、苦労という言葉じゃなくて、
「あのときはいい経験したなあ」になるんですよ。
過ぎてしまったことは、「いい経験したな」と思う。それしかないんです。

困ったことは起こらない

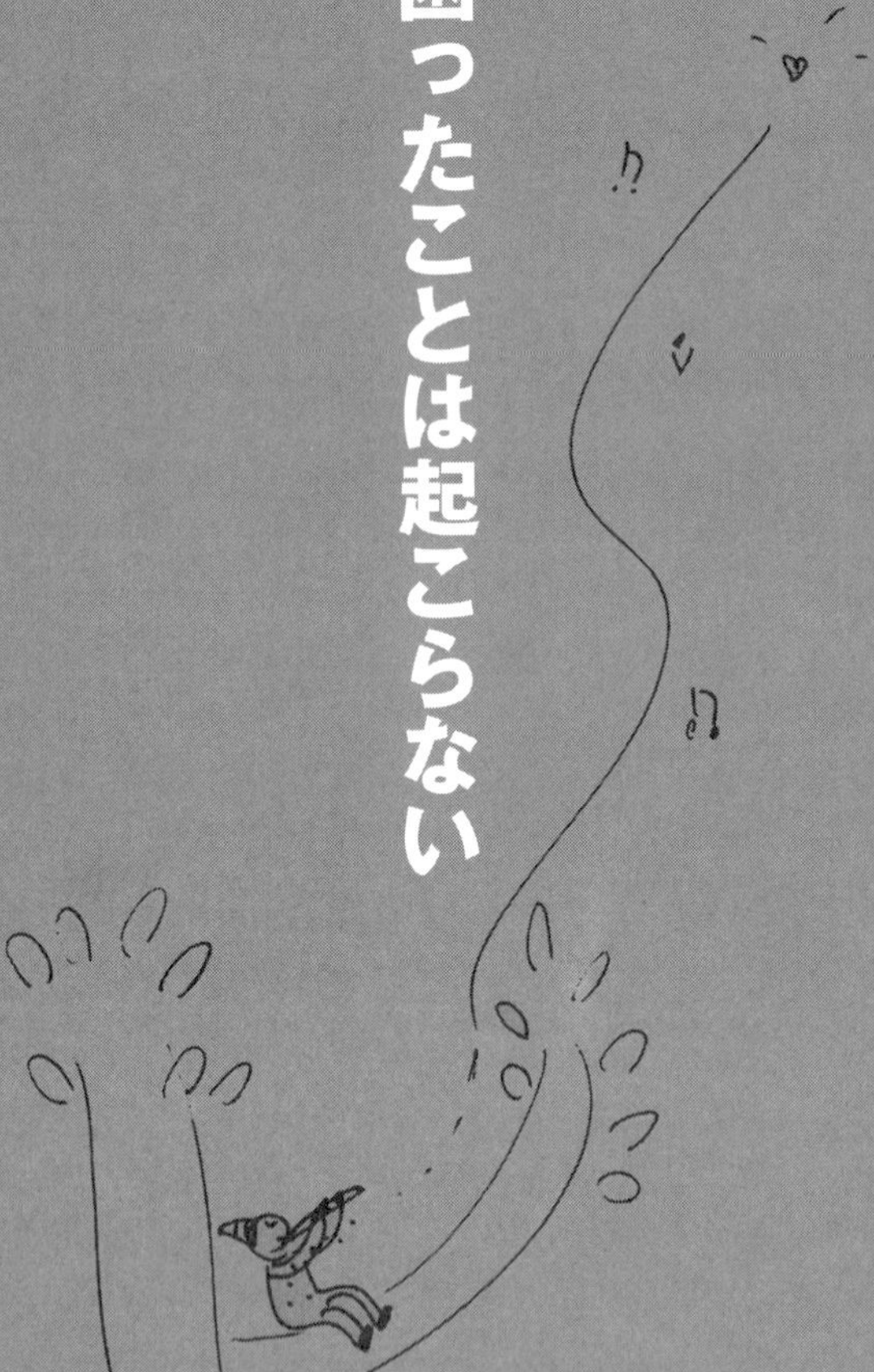

人の個性って
いっぱいあるから、
何に困るかはわからない。
だけど、困ったときに
ちゃんと学べばいい

「困ったことは起こらないんだよ」といったら
「そんなことはない！」と随分いわれました。
ほんとに困ったことって、そうは起きないんです。
ただし、たまに困っている人がいますね。
でも、その人は困っているのではなくて、
「学んでいる」
のです。人間っていうのは、ほんとうに困らないと
学ばないからね。
困ってから学んでも遅くはないのです。
人の個性っていっぱいあるから、何に困るかは
わからない。
だけど、困ったときにちゃんと学べばいい。
学ぶものは人それぞれです。

ときが来れば、だれにいわれなくても勝手に学ぶんです

学ぶべきときが来ていない人に、何をいっても聞いてくれません。

だれにいわれなくてもときが来れば、勝手に学ぶんです。

相手の人のことを、

「あの人は、困ってる人だ」

と思うと、相手がかわいそうです。

「あ、この人は一生懸命に学んでいるんだな」

と見てあげてほしいですね。

人柄ってね、
だれが見てもわかります。
この人は、愛がある人かどうかってね。

人生で
苦労しているときは、
人生の勉強を
しているのだと思う。
すべてが勉強なんです

人間、五、六回痛い目に遭うと、
おなじ手は食わなくなります。
暗闇でいつも何かにぶつかってると、
暗いところに行っただけで、
何かにぶつかるような気がしてくるもの。
そうすれば、暗闇には明りをもって行くようになる。
だから、人生で苦労しているときは、
人生の勉強をしているのだと思う。
すべてが勉強なんです。

**たとえ隣の人が
ブスッとしていても、
人の機嫌をとらないで
自分の機嫌をとるんです。
自分だけニコニコして
いるんです**

あなたはどこかで人の機嫌をとっていませんか？
隣に機嫌の悪い人がいたとき、
「どうしたの？　何があったの」
って、機嫌をとっちゃダメですよ。
あちらの都合で機嫌が悪くなっているのですから。
たとえ隣の人がブスッとしていても、人の機嫌をとらないで自分の機嫌をとるんです。
自分だけニコニコしているんです。
機嫌を悪くするのは「悪」なんです。
正しく、楽しく、毎日を生きている人が「悪」に合わせてしまってはいけない。

常に機嫌のいい人が、この世をリードしていくんです。周りが機嫌のいいほうに合わせてくれますから

精神的な勉強が好きな人は、つい相手の機嫌をとってあげちゃうの。

機嫌が悪いのはね、嵐とおなじ。一過性なんです。嵐がどんなに吹いても、日本が飛ばされたとか、月がなくなったとか、そんなことはありません。ほっておけばいいのです。

そして、自分がニコニコしているだけ。

常に機嫌のいい人が、この世をリードしていくんです。機嫌よくしていれば、周りが機嫌のいいほうに合わせてくれますから。

戦争を起こす人や人殺しをする人に、機嫌のいい人はひとりもいない。みんなイライラしている

なまじ同情してね、ちょっとかまってあげようなんてことを、する必要はないです。

同情されたい人は、抱きぐせのついた子どもとおなじ。だれかがかまってくれると、いつも思っている。

会社で社長の機嫌が悪かろうが、部長の機嫌が悪かろうが、自分だけはニコニコしていてください。それで自分の機嫌をとっていればいいのです。

戦争を起こす人や人殺しをする人に、機嫌のいい人はひとりもいない。

罪を犯す人もみんなイライラしている。

神さまや仏さまは、サボっている人をちゃんとチェックしているんです

もっと出世するはずの人なのに、いまいちの人がいっぱいいます。
それは自分の能力を出し切っていないから。
全力を出し切ると損だと思っている人がいるかもしれないけど、そうじゃなくてね。
一生懸命に能力を出し切るのです。
神さまや仏さまは、サボっている人をちゃんとチェックしているんです。
上から見ている人は、全力を尽くしている人と、尽くしていない人がわかるんですよ。

知恵を出し切るために、頭でも、手でも、足でも、一生懸命に使えば、もっとよくなります

知恵を出し切っている人には、次から次へと知恵がもらえるようになります。

知恵を出し切るために、頭でも、手でも、足でも、一生懸命に使えば、もっとよくなります。

頭は使わないと、ボーッとしてしまいます。

でも、自分から湧き出た知恵を、出し惜しみしてはいけません。一人占めせずに教え合うのです。

おたがいにいいアイデアが出たら教え合う。

一〇人集まると、一〇人力になるから。

私のお弟子さんたちは、いつもそうやっています。

徳というのは、人の心が軽くなることです。人の心が明るくなることです

人間には必要なものが三つあります。

一つは、体に栄養。

二つ目は、頭に知識。

三つ目が、ハートに徳。

徳とは人徳のことです。

このようなことができる人が、徳があるといいます。

徳というのは、人の心が軽くなることです。

人の心が明るくなることです。

いつもニコニコしている人だと、その人がいるだけで、しあわせな気分になるでしょう?

だから、自分の顔がニコニコしていられるか。

話をするたびに、人の気持ちを軽くしているか。

それができたら、人徳がどんどんついてきます。

「あなたは大切な存在なんだ」ということを周囲の人に与えていると、人はどんどん魅力的になります

人は、自己重要感を与えてくれる人が大好きです。

自己重要感とは、「自分は大切な存在なんだ」という思いです。

これを周囲の人に与えていると、人はどんどん魅力的になります。

なぜなら、人はだれでも自己重要感を渇望しているから。渇望するほど、それを求めています。

お金持ちになりたいとか、いい大学に入りたいというのはみな、自己重要感を満たしたいから。

自己重要感がない人は、他人にそれを与えられない。

自己重要感があり余っているから、人にもあげようという気になれる。

だから、自ら自己重要感があり余る人間になる。

そして、人に自己重要感をどんどん与えていく。

明日、会社を休もうかなと思っても、思うだけで出勤するじゃない？だから、思うぐらいはいいじゃない

仕事を休みたいと思うことがあるでしょ。
仕事を辞めようかなって、思うことはだれでもあります。
そうは思っても、思いとどまるじゃない？
思いとどまるよね。
思うけれど、大概の人はやらない。
そんなことを思ってはいけないという人もいるけれどね。
私たちはそれほど立派じゃないんだ。
明日、会社を休もうかなと思っても、思うだけで出勤するじゃない？
だから、思うぐらいはいいじゃない。
それでいいじゃないか。
褒めてあげましょう。

この地球は
みんなが幸せに暮らせる場所

「隣人を愛せよ」というけれど、お互い波長が合わなかったら、それは会ってはいけないということ

「隣人を愛せよ」というけれど、お互い波長が合わなかったら、それは会ってはいけないということ。

世間は、やれ親戚だから、兄弟だから離れてはいけないというけれど、離れても親戚は親戚です。

兄弟は兄弟です。

離れられない理由を先に考えるのはいけない。

本当は離れられるんです。

争いごとが一番よくない。争いごとをするのだったら、離れるほうがいい。

新幹線にまともにぶつかったら、死んでしまうから。
二、三メートルぐらい下がれば、風が吹くぐらいで済むでしょう? ちょっと避ければ、風しかこない。

相手のイヤな点が、自分の欠点だと気づけば、心の幅がふっと広がります

人間同士には相性というものがあります。何かにつけてカンに触って、どうしても好きになれない人もいます。

それでも何とか、つき合っていかなければならない場合もありますよね。

たとえば、おなじ職場で協力して仕事をしなければならないとかね。

相性の悪い人って、どんな人だと思います？　それがわかれば、何とかなりそうな気がしますね。ムシの好かない人は、自分の弱点とおなじものを持っている場合が多い。

たとえば、自分の短気が欠点だと気づいていて、それがイヤなのに、目の前に短気な人が現れたとき。見たくないと思っている自分の欠点を、まざまざと

見せつけられてしまう。

それで許せない気持ちになってしまうんです。

だから、相性の悪い人に腹を立てるのは、

自分に腹を立てていることなんですね。

相手のイヤな点が、自分の欠点だと気づけば、

心の幅がふっと広がります。

「あの人だけじゃない。自分もおなじなんだ」

と思えば、その人を愛せるようになります。

かえっていい友だちになれたりもしますよ。

愛が大きくなるほど、自分の許容量も大きくなってきます

愛が大きくなるほど、自分の許容量も大きくなってきます。

だから、イヤな相手だったら、一度離れてみる。

イヤな思いをして心が乱れたままだと、次の対策は考えられないし、愛も大きくならないから。

相手がイヤだったら、その人とおなじ空間や時間を放棄するだけでなく、頭のなかからもその人のことを一切排除する。考えることもしない。

するといつの間にか、知らない間に愛が大きくなって、その相手を許せる人間になっています。

そして、次はどんな心の修行をしようかと考える。

自分は大人だろうかといつも反省しながら、大人になるように一歩ずつ歩いていきたいですね

大人の目で見れば、大人としての社会的な地位もついてきます。

日本では二〇歳になると大人といわれますが、ここでいう大人は、そういう意味ではありません。

ちゃんと器が大きい人という意味の大人です。

逆に、イヤなことが起きるとすぐに顔に出ちゃったりする人のことを小人（しょうじん）といいます。

小人は、相手と自分しか見えません。

大人は自分のことも、周りの人のことも見えている人です。

ちゃんと大人の目で見ることのできる人は、相手も自分も気持ちよくなれる言葉を発します。

周りを見ることもなく、自分だけの感情で、

「おれは正しいんだ」

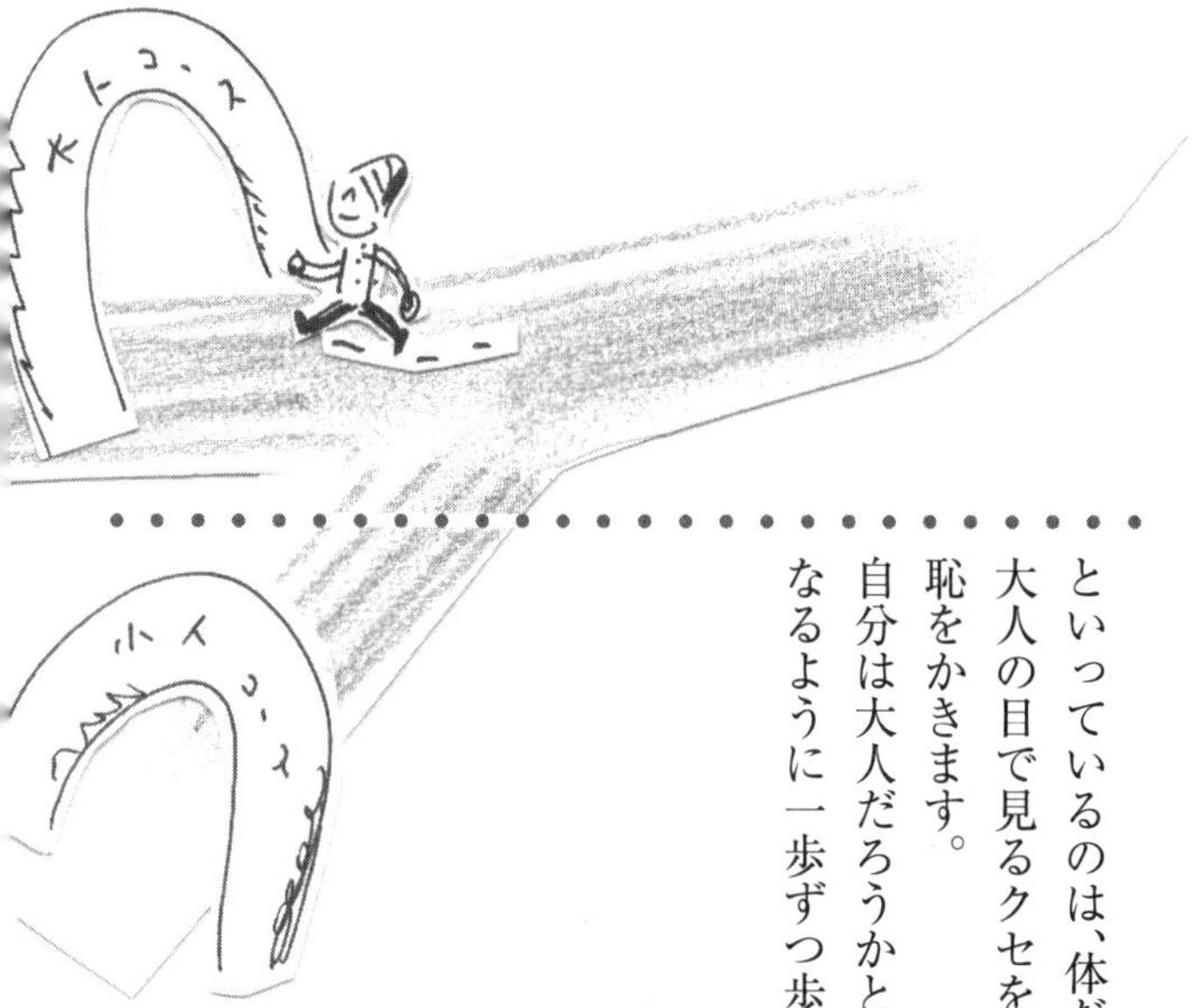

といっているのは、体だけ大きくなった子どもです。大人の目で見るクセをつけていないと、外に出て恥をかきます。
自分は大人だろうかといつも反省しながら、大人になるように一歩ずつ歩いていきたいですね。

人はみな、等しく個性を持って生まれていますから、どっか違っていていいんです

相手に期待しないことです。

本でも、最初から終わりまで読んで、そのなかで一個だけでも役に立つことがあれば、それはいい本なんです。

人が書いたものが全部納得いくなんてあり得ない。どっか納得いかなくて当たり前です。

人はみな、等しく個性を持って生まれていますから、どっか違っていていいんです。

戦争以外のことは、共存共栄です。殺しっこじゃなくて、「生かしっこ」なんです

戦争っていうのは、相手の弱みにつけ込んで、そこを攻めたてる。

相手の弱いところを見つけるのが、「殺しっこ」です。

でも、戦争以外のことは、共存共栄です。殺しっこじゃなくて、「生かしっこ」なんです。

たとえば、ライバル会社を見たとき、「あの会社はあそこが劣っている」と悪いところを話す社長ならば、その会社は絶対に相手に勝てません。

「この部分では、ウチのほうが勝っている」というのは、負け犬の遠ぼえで、もう負けです。

悪い部分を探すより、よいところをマネするだけ。

相手にはよいところがあるから、自分の会社に勝っているんです。

相手のいいことを学ぼうとすれば、相手の悪いところなど、どうでもよくなる

相手のいいことを学ぼうとすれば、相手の悪いところなど、どうでもよくなる。

「学ばなきゃいけない。相手のいいものは何だろう」と考えたとき、悪いものには目がいきません。

人間の頭って、二つのことをいっぺんに考えられません。アラを探しているときは、必ずよいところを見ていないんですよ。

真剣に相手のよいところを見つめ直したとき、相手に対する敬意が出てきます。

「素晴らしいな。こんなことやっているんだ」ということが見えてきます。

困難があったら、それにまともにぶつからないで、知恵でよけながら、前に進む

困難なことが目の前に出てきたら、スイスイ避けて通るほうがいい。
私は争いごとが大嫌い。だから、困難に出くわすたびに争わないで、知恵を出す。
困難があったら、それにまともにぶつからないで、知恵でよけながら、前に進む。
逃げるのではありません。
困難は、避けるのです。
そのための知恵を十分に働かせるのです。

この地球は、違う考え方、生き方をしている人がいても、みんなが幸せに暮らせる場所だから

愛って、自分と違うだれかを
抹殺することじゃない。
この地球は、違う考え方、
生き方をしている人がいても、
みんなが幸せに暮らせる場所だから。
ところが、自分が満たされていない
と思うから、愛が狭くなってしまうんですね。

私はお弟子さんたちと、人がぶつかり合わないで仲良く生きていこうよと、学んでいるんです

あっちでも、こっちでも人間関係がうまくいかない人は、やっぱり生きていく上での法則が間違っています。

だから、私はお弟子さんたちと、そういう法則を勉強して、人がぶつかり合わないで仲良く生きていこうよと、学んでいるんです。

要するに、愛のある言葉、笑顔、身のこなしみたいなものを勉強していこうということですね。

そういう目で周りの人を見ていると、「あの人のこんなところが気になるから、注意してあげなきゃ」という人と、「もう少し様子を見てみよう」というのがあります。

様子を見てから注意しようというのは、本来は「気がついたのに注意したくない」

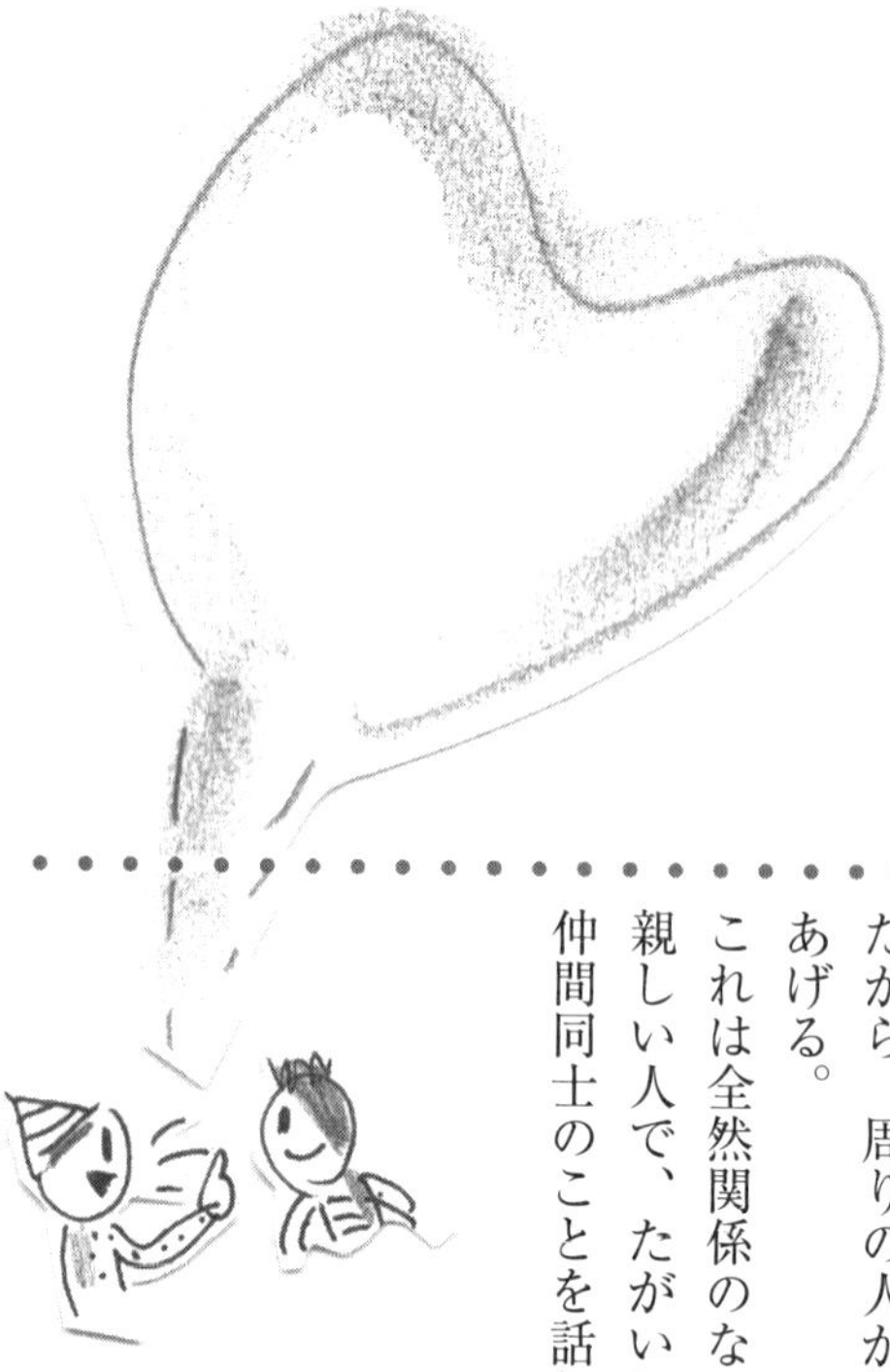

というなまけ心です。
相手はいってあげなければ、直るわけがないから。
直らないのは本人が気づいていないからです。
だから、周りの人が気づいたときには、教えてあげる。
これは全然関係のない人にはやらないですよ。
親しい人で、たがいに魂を向上し合おうという仲間同士のことを話しているのです。

注意するのって、つらいんですよ。それなのに、あえていってくれるのはありがたい

間違ったことを注意して、「こうしたほうがいいよ」といってあげると、精神的に豊かな人は、「ありがとうございます。自分では気がつかないところを、気づかせてくれて」といいます。

注意するのって、つらいんですよ。

それなのに、あえていってくれるのはありがたい。

でも注意されて、怒り出す人がいます。

それではまったく向上しないし、その人の人生もよくならない。人の注意は聞いたほうがいいけど、注意する側も
「この人のいうことなら聞こう」

というものがないと、相手は聞いてくれません。

自分のことを思っていってくれるのだから、素直に聞こうと思える人でないとね。

自分で
しっかりやって
人を助ける。
それでみんなが
助けられる

どんなことであっても、自分の知っていることは素直に教えて、わからないことは知っている人から聞く。それだけで人生はすごくラクなんです。

助け合いというのは、もたれ合いではないんです。

自分でしっかりやって人を助ける。

それでみんなが助けられる。

人間は、もたれ合わなければならないほど、弱いものではありません。

教えたり、教えられたりすれば、何でもできるのが人間です。

だから、苦しいときは、人に聞いてください。

知らないことは、恥ずかしくないんです。

注意をうまく受け入れる力を磨かないと、絶対にうまくいかない

指導力という言葉はよく聞きますが、指導される側の力についてはあまりいわれません。

でも、指導される側の力というのがあるのです。

実は、指導される側の力がないために、ほとんどの人が困っているのです。

会社でうまくいかない人、出世できない人も、ちょっと考えてください。

「きみ、こうしたほうがいいよ」と、自分がいわなければいけない立ち場に立ったときのことを。

そのときブスッとしている人に、ちゃんといえますか。

いいづらいでしょう? お説教しづらいでしょう?

逆に、「気がつかないことを教えてくれて、

ありがとうございます。これから気をつけます」という人がいたら、指導する側の心が軽くなるから、すごく助かります。

ものがいいやすいんです。

あなたが社長だったら、いいやすいほうを出世させますよね。

もちろん、指導力は大切ですが。

忘れられているのは、指導力ではなくて、指導される側の力なのです。

注意をうまく受け入れる力を磨かないと、絶対にうまくいかないのです。

これからは人柄社会に
なっていくから。
実力があって、しかも
人柄のいい人が、
生き残っていくのです

これからの時代、人にキラわれて得なことは
絶対ない。人を妬んでキラわれると
生き残れなくなる。
上を妬めば、上にキラわれる。
横を妬めば、横にキラわれる。
下を妬めば、下にキラわれる。
人にキラわれれば、仕事もできなくなります。
大事なのは人柄です。
これからの時代には、人柄がよくないことは、
致命的になってしまう。
これからは人柄社会になっていくから。
実力があって、しかも人柄のいい人が、
生き残っていくのです。

心に愛が満たされる

成功する知恵は、豊かな心から出た

「成功する知恵は、どこから出てきたのですか」
と聞かれても、私は、
「この知恵は豊かな心から出た」としかいえないのです。
知恵は考え方から生まれます。
意地の悪い人からは、意地の悪い知恵しか出てきません。
知恵は努力して出るものではないからです。
知恵は、ポンと湧くように出るものです。
苦しんで出した知恵は、一見、いい知恵に見えても
苦しみを生むだけなのです。

神さまの指示に従って、一生懸命やってさえいれば、神さまがあなたにもっと愛を与えてくれます

この世は、自分以外は幻なんだと思うのです。
神さまが全部、指示を出しているんだと思うのです。
その神さまの指示に従って、一生懸命やってさえいれば、
神さまがあなたにもっと愛を与えてくれます。
もし、どんどん悪くなっていくとしたら、
やり方が間違っているだけ。

神さまは、だれもいじめようとはしていません。
うまくいかないときは、神さまがあなたに、
「やり方が間違っているよ」と教えてくれているのです。
そう教えられているのに、そのやり方を変えようとしない人は、
自分の過ちを認めたくないから。
頑固で、プライドが高すぎるから。
これって損ですよね（笑）。

一生のうちで一人だけでも不幸な人を減らす責任があります。その一人というのが、あなたです

人間は、苦しんではいけないのです。

あなたは、苦しんではいけないのです。

この世の中で、まず自分の幸せについて考えてください。

あなたが人間として生まれたからには、一生のうちで一人だけでも不幸な人を減らす責任があります。その一人というのが、あなたです。

そして、あなたが本当に幸せになったら、生きているうちに、だれか一人ぐらいは幸せにしてあげることができる。

あなたが不幸なままで、ほかのだれかを幸せにすることはできません。

まず、あなたが幸せになることです。

やさしさと笑顔。
人の長所を褒める。
人の悪口はいわない。
この三つを実行すれば、自分を愛するというのはどんなことかがわかってきます

よく、他人を愛して、自分を愛するというでしょう。
でも、自分を愛することが先なのです。
自分を愛するといっても、エゴではありません。
エゴとは何でも人より「私が、私が」という我です。
それを消して、自分を先に愛することです。大切にすることです。

できるところからやってみましょう。
やさしさと笑顔をたやさない。
人の長所を褒める。
人の悪口はいわない。
この三つを実行すれば、体験的に自分を愛するというのは
どんなことかがわかってきます。
心が温かくなってきます。
愛がひとりでに出てきちゃいます。

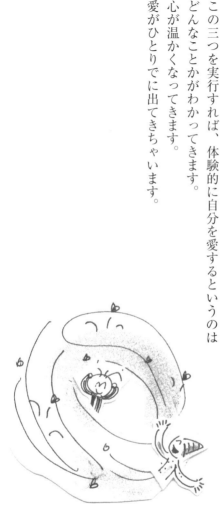

親は考えなければなりません。子どもはどんなに小さくても、完璧にすでに一個人の人格を備えている存在だということを

日常的に暴力をふるう親がいますね。

暴力をふるう人それぞれに原因となるものは違いますが、きっとそれまでの人生のどこかで心の傷を背負って生きてきたのでしょう。

家族を精一杯愛しているのに、愛情表現がうまくない人もいるでしょう。

でも、親は考えなければなりません。

子どもはどんなに小さくても、完璧にすでに一個人の人格を備えている存在なのです。

子どもを育てているのではなく、親が子育てを通じて育てられているのだということを悟ってほしいですね。

「私が楽しく一生懸命に働いているから、ご飯も食べられるし、洋服も着られるんだよ」

仕事でいつも外に出ているお母さんが、「ごめんね、家にいないからかわいそうに」といって育てるとかわいそうな子どもになってしまう。

お母さんは、子どもに、

「私が楽しく一生懸命に働いているから、ご飯も食べられるし、洋服も着られるんだよ。お母さんは、自分のやるべきことを一生懸命やるから、あなたはあなたのやるべきことを一生懸命やるのよ。私は、あなたを信じてるからね」

といって育てることがすごく大事。

親が子どもに対して、本当にするべきことは、信じてあげること

親が子どもの人格をつくってあげるんじゃない。

子どもは、そんなことをしなくても、ちゃんとした人格を持った人間なんだから、しっかり育っていく。

子どもを変えようなんてしなくていい。

親が子どもに対して、本当にするべきことは、信じてあげること。

子どもを信じるように、親のあなたが変われば、それでいい。

守護霊は見えない世界の存在ですが、私たちは守られているし、愛されています

私たちは、守護霊に守られています。
守護霊は見えない世界の存在ですが、私たちは守られているし、
愛されています。
守護霊の愛に包まれているのだと知れば、自然に感謝の心が生まれるし、
心が愛に満たされます。
周りに愛を与えたくなります。
そのためにも愛がある言葉を口から出していけばいい。
人はみんな、愛を持っているんですからね。

地球って丸いですよね。ということは、
その人が立っているところが一番高いところです。
だから、人はだれもがみんな、
一番高いところに住んでいるわけ。
本当はみんな、勝ちなんです。

あなたは神の愛と光で
できているのだから

個性はその人の魅力の核なのです。その個性が輝ける場所で生きること、それが幸せなんです

人にはそれぞれ個性があります。
その個性にいいとか、悪いとかはありません。
個性はその人の魅力の核なのです。
その個性が輝ける場所で生きること、それが幸せなんです。
私は他人を変えるなんてことはしません。
ただ、ひとり、ひとりの魅力が活きる場所を提供しようといつも考えています。

〈悪口、グチ、泣き言、文句、不平不満〉の五つの戒めをできるだけ少なくすること

魂の波動の高い人は、豊かな心でいられる時間の長い人です。豊かな心の時間が長ければ、楽しいと感じている時間も長いはず。

反対に、魂の波動の低い人は、貧しい心の人。

貧しい心でいる時間が長いので、怒ったり、憎んだり、悲しんでいたりする時間もまた長くなります。

心を豊かにするためには、「お釈迦さまの五戒」に気をつければいい。

これらをできるだけやらないようにすれば、あの人は本当にいい人だと、だれかれも愛されるようになります。

その五つの戒め〈悪口、グチ、泣き言、文句、不平不満〉をできるだけ少なくすること。

ダルマさんって、すぐ起き上がるでしょう？　そのダルマさんになればいいんですね

因果というのは、オレンジをしぼったら、オレンジジュースになったという
あたりまえのこと。
原因と結果ということですね。原因がなくて、結果が出るわけがないですから。
悪い行いをして出てくる結果を「カルマ」といいます。
みんなにいいことをして、出てくる結果のことを「ダルマ」といいます。
ダルマさんって、すぐ起き上がるでしょう？
そのダルマさんになればいいんですね。
何回倒れても、ダルマさんのように、コロッ、コロッと起き上がるんです。
それで、人を傷つけることをやめて、いいことをしようよ、という話をしているだけ。

いくら祈っても、足りないものは足りないんです。足りないものは、入れるしかないのです。精神は精神。現実は現実です

何にもないところに、ちょっと種を蒔いたらお米が出てくる。
これが偉大なんです。
こんなことに感心しないで、オカルトみたいなことにばっかり感心して、
「それが精神世界だ」っていう人がいるけどね。
「何でも祈ればよくなる」って、違います。
たとえば、病気になるのは、カルシウムが足りないとか、
栄養が足りない場合もある。
いくら祈っても、足りないものは足りないんです。

祈るのがいけないといっているんじゃないの。
足りないものは、入れるしかないのです。
だから、精神は精神。現実は現実。
そこらへんを見きわめていかないとね。
私も精神世界は大好きだけど、精神世界が、まれに誤解されるのは
「おかしなことに感心しすぎる」から。

人生ラクでしあわせが一番。ムリをしないで、ちょっとずつ前進していれば、人にも愛をわけてあげられるようになる

決してムリをしてはいけないの。
また、人にもムリをさせてはいけません。
力んで頭を堅くしていると、いいアイデアは浮かばないのとおなじことです。
ムリをせず、ひとつだけ上を目指して努力する。
今の自分より、たったひとつ上を目指しつづけるだけ。
それが一番ラクな方法です。
そうすると、神さまは準備ができたときにちゃんとチャンスを与えてくれます。
人生ラクでしあわせが一番。

ムリをしないで、ちょっとずつ前進していれば、心のゆとりが出てきて、
人にも愛をわけてあげられるようになる。
実はそれが一番はやい。

悟らなくてもいいから、笑顔で過ごしましょう。悟らなくてもいいから、愛情ある言葉をかけましょう

世間では、やれ悟りだって、いろんなことをいう人がいるけれど、
結局、笑顔でいるとか、目の前の人に愛情のある言葉をかけるとか、
そういうことが大切だってわかるだけなんです。
悟らなくてもいいから、笑顔で過ごしましょう。
悟らなくてもいいから、愛情ある言葉をかけましょう。
そして、絶対、自分は機嫌よくしていましょう。
結局、それが悟りなんですよね（笑）。

私たちは、神さまの愛と光でできているのだから。だれにでも愛はあるの。気づいていないだけ

自分には愛がないという人もいるけれど、それは違います。
私たちは神さまの愛と光でできているのだから、だれにでも愛はあるの。
ただ、そのことに気づいていないだけ。
マザー・テレサは、インドで助からないとわかっている人たちを、
一生懸命に看病しました。
そんなことしてもムダだという人もいたけれど。
でも、彼女はそれをムダだと考えなかったのです。
不運にも恵まれないで路上に倒れた人たちであっても、
死ぬ前にありったけの愛情を注いであげると、

「ああ、生まれてきてよかった」と思う。
マザー・テレサってすごいよね。
私たちは普通、マザー・テレサのように
死に直面した人たちを相手にはしていません。
だったら、今、目の前にいる人に
愛をいっぱい出していこうよ。

おわりに

最後まで読んで下さってありがとうございます。

少しは、心が軽くなってくれましたか。

何か、気持ちが、ホワッとしたような場所はありましたか。

長い人生の中で、ころびそうになったり、つまずきそうになった時、お役に立てそうなことが書いてありましたか。

あなたの人生をささえてくれている人が、何人もいると思います。

私にも、私の人生をささえてくれている人が、たくさんいます。

いろいろな人に守られながら、今日一日を生き、そして、この本を、完成することができました。

この本の最大の功労者である読者のあなたに、すべてのよきことが、雪崩のごとく起きます。

斎藤一人

ひとりさんとお弟子さんたちのブログについて

斎藤一人オフィシャルブログ
（一人さんご本人がやっているブログです）
https://ameblo.jp/saitou-hitori-official

お弟子さんたちのブログ

柴村恵美子さんのブログ
https://ameblo.jp/tuiteru-emiko/

舛岡はなゑさんのブログ
【ふとどきふらちな女神さま】
https://ameblo.jp/tsuki-4978/
銀座まるかん　オフィスはなゑのブログ
https://ameblo.jp/hitori-myoudai-hana/

みっちゃん先生ブログ
http://mitchansensei.jugem.jp/

宮本真由美さんのブログ
https://ameblo.jp/mm4900/

千葉純一さんのブログ
https://ameblo.jp/chiba4900/

遠藤忠夫さんのブログ
https://ameblo.jp/ukon-azuki/

宇野信行さんのブログ
https://ameblo.jp/nobuyuki4499

高津りえさんのブログ
http://blog.rie-hikari.com/

おがちゃんのブログ
https://ameblo.jp/mukarayu-ogata/

楽しいお知らせ

無　　料　ひとりさんファンなら
　　　　　一生に一度はやってみたい

「大笑《おおわらい》参り」

ハンコを9個集める楽しいお参りです。
９個集めるのに約7分でできます。

場　　所：ひとりさんファンクラブ
（JR新小岩駅南口アーケード街　徒歩３分）

電　　話：03-3654-4949
年中無休（朝10時〜夜7時）

≪無料≫　金運祈願　恋愛祈願　就職祈願　合格祈願
健康祈願　商売繁盛

ひとりさんファンクラブ

住　所：〒124-0024　東京都葛飾区新小岩1-54-5
ルミエール商店街アーケード内

営　業：朝10時〜夜7時まで。
年中無休　電話：03-3654-4949

各地のひとりさんスポット

ひとりさん観音：瑞宝山　総林寺
住　所：北海道河東郡上士幌町字上士幌東4線247番地
電　話：01564-2-2523

ついてる鳥居：最上三十三観音第二番　山寺千手院
住　所：山形県山形市大字山寺4753
電　話：023-695-2845

観音様までの楽しいマップ

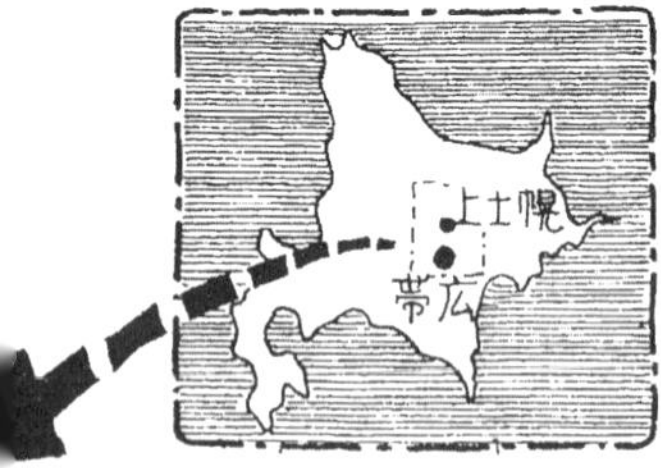

① 愛国⟷幸福駅

『愛の国から幸福へ』この切符を手にすると幸せを手にするといわれスゴイ人気です。ここでとれるじゃがいも野菜・etcは幸せを呼ぶ食物かも!特にとうもろこしのとれる季節には、もぎたてをその場で茹でて売っていることもあり、あまりのおいしさに幸せを感じちゃいます。

② 十勝ワイン（池田駅）

ひとりさんは、ワイン通といわれています。そのひとりさんが大好きな十勝ワインを売っている十勝ワイン城があります。
★十勝はあずきが有名で『赤い宝石』と呼ばれています。

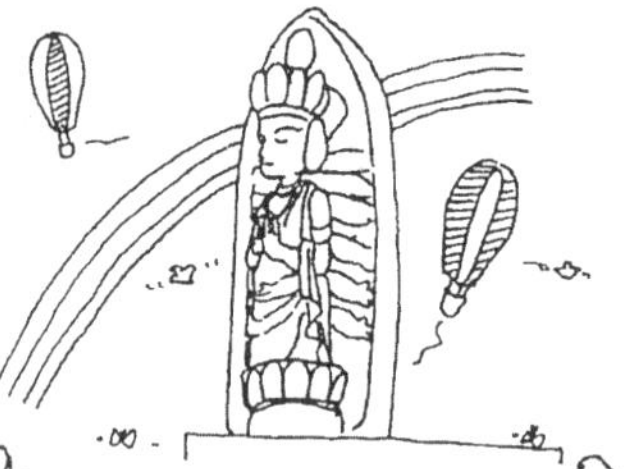

★観音様

ひとりさんの寄付により、夜になるとライトアップして、観音様がオレンジ色に浮かびあがり、幻想的です。

この観音様は、一人さんの弟子の1人である柴村恵美子さんが建立しました。

③ 上士幌

上士幌町は柴村恵美子が生まれた町。そしてバルーンの町で有名です。8月上旬になると、全国からバルーンミストが大集合。様々な競技に腕を競い合います。体験試乗もできます。ひとりさんが安全に楽しく気球に乗れるようにと願いを込めて観音様の手に気球をのせています。

④ ナイタイ高原

ナイタイ高原は、日本一広く大きい牧場です。牛や馬、そして羊もたくさんいちゃうのヨ。そこから見渡す景色は雄大で感動!!の一言です。ひとりさんも好きなこの場所は行ってみる価置あり。

牧場の一番てっぺんにはロッジがあります（レストラン有）。そこで、ジンギスカン焼肉・バーベキューをしながらビールを飲むとオイシイヨ!とってもハッピーになれちゃいます。それにソフトクリームがメチャオイシイ。2ケはいけちゃいますヨ。

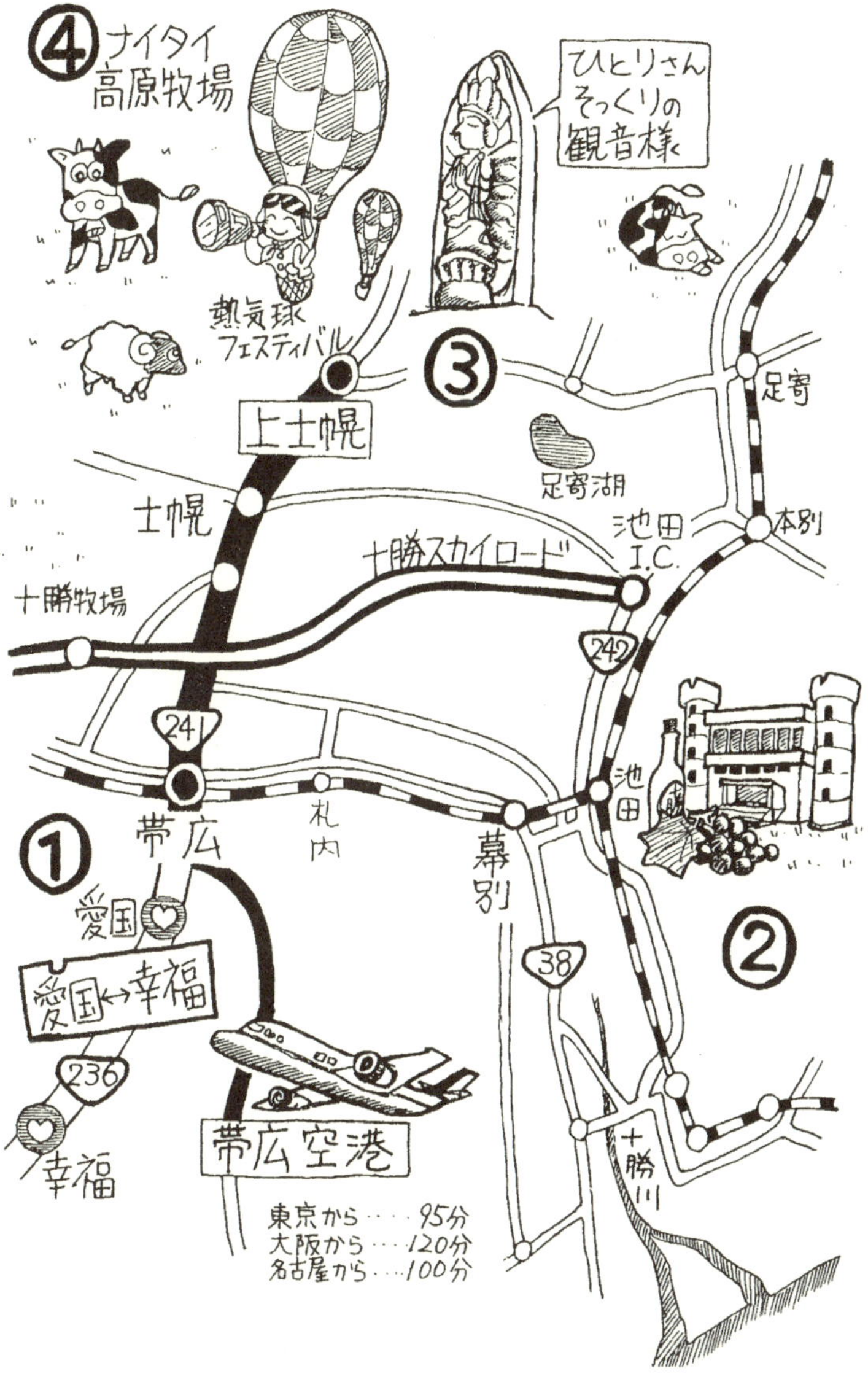

④ナイタイ高原牧場
熱気球フェスティバル
ひとりさんそっくりの観音様
③
上士幌
足寄
足寄湖
士幌
池田I.C.
本別
十勝スカイロード
十勝牧場
242
241
池田
帯広
札内
幕別
①
愛国
愛国↔幸福
②
38
236
幸福
帯広空港
十勝川
東京から……95分
大阪から……120分
名古屋から……100分

斎藤一人さんのプロフィール

東京都生まれ。実業家・著述家。ダイエット食品「スリムドカン」などのヒット商品で知られる化粧品・健康食品会社「銀座まるかん」の創設者。1993年以来、全国高額納税者番付12年間連続6位以内にランクインし、2003年には日本一になる。土地売買や株式公開などによる高額納税者が多い中、事業所得だけで多額の納税をしている人物として注目を集めた。高額納税者の発表が取りやめになった今でも、着実に業績を上げている。また、著述家としても「心の楽しさと経済的豊かさを両立させる」ための本を多数出版している。『変な人の書いた世の中のしくみ』『眼力』（ともにサンマーク出版）、『強運』『人生に成功したい人が読む本』（ともにPHP研究所）、『幸せの道』（ロングセラーズ）など著書は多数。

1993年分――第4位	1999年分――第5位
1994年分――第5位	2000年分――第5位
1995年分――第3位	2001年分――第6位
1996年分――第3位	2002年分――第2位
1997年分――第1位	2003年分――第1位
1998年分――第3位	2004年分――第4位

〈編集部注〉

読者の皆さまから、「一人さんの手がけた商品を取り扱いたいが、どこに資料請求していいかわかりません」という問合せが多数寄せられていますので、以下の資料請求先をお知らせしておきます。

フリーダイヤル 0120-497-285

本書は平成一九年五月に弊社で出版した
書籍を改訂したものです。

斎藤一人
愛のセラピー

著　者　斎藤一人
発行者　真船美保子
発行所　KK ロングセラーズ
東京都新宿区高田馬場 2-1-2　〒 169-0075
電話（03）3204-5161(代)　振替 00120-7-145737
http://www.kklong.co.jp
印　刷　大日本印刷(株)
製　本　(株)難波製本

落丁・乱丁はお取り替えいたします。
※ 定価と発行日はカバーに表示してあります。
ISBN978-4-8454-5082-4　C0230　Printed In Japan 2019